detalles
details

ACCESOS · ESCALERAS · PASILLOS
ACCESSES · STAIRS · WALKWAYS

autores / *authors*
Fernando de Haro & Omar Fuentes

diseño y producción editorial / *editorial design & production*
AM Editores S.A. de C.V.

dirección del proyecto / *project managers*
Valeria Degregorio Vega y Tzacil Cervantes Ortega

coordinación / *coordination*
Edali Nuñez Daniel

texto original / *original text*
Abraham Orozco

traductor / *translator*
Mexidiom Traducciones

NUMEN **AM** EDITORES

Publicado por **AM Editores S.A. de C.V.**
Paseo de Tamarindos No.400 B
suite 102, Col. Bosques de las
Lomas C.P. 05120, México D.F.
Tel. 52(55) 5258-0279
Fax. 52(55) 5258-0556
E-mail: ame@ameditores.com
www.ameditores.com

DETALLES / *DETAILS*
© 2006, 1a Edición / *1st Edition*
© 2009, 2a Edición / *2nd Edition*
© 2010, 3a Edición / *3rd Edition*
Fernando de Haro & Omar Fuentes

ISBN: 978-970-9726-48-0

Publicado por **Númen**, un sello editorial de Advanced Marketing S. de R.L. de C.V. Calzada San Francisco Cuautlalpan No.102 Bodega "D", Col. San Francisco Cuautlalpan, C.P. 53569, Naucalpan de Juárez, Estado de México.

Impreso en India. *Printed in India.*

PREPRENSA / *PREPRESS*:
Gibus S. de R.L. de C.V.
www.gibus.com.mx

Contenido • *Contents*

Puertas y Accesos
Doors and Accesses

Las puertas de una casa definen la personalidad de sus habitantes y anticipan el concepto arquitectónico del conjunto. Hacia el exterior forman parte de la fachada y se integran a la volumetría, hacia adentro son el punto de inicio del diseño interior. La industria especializada ofrece un amplio catálogo de opciones, mientras el diseño individual, adaptado a las dimensiones del claro, a las texturas y materiales y al estilo de los interiores, se adapta mejor al gusto de los habitantes. La madera permite acabados atractivos, finos y elegantes, mediante tableros, molduras, chapetones, superficies lisas o decoradas, combinadas con cristales, metales u otros materiales.

The doors of a house define the personality of its residents and foreshadow the architectural concept of the whole. On the outside, they are part of the façade and they are integrated into the volumes, on the inside they are the starting point for the interior design. The specialized industry offers a broad catalog of options, while individual design, adapted to the dimensions of the venue, the textures and materials and the style of the interiors, adapts better to the taste of the residents. Wood facilitates attractive, refined and elegant finishes, with boards, moldings, details, smooth or decorated surfaces, combined with glass, metal or other materials.

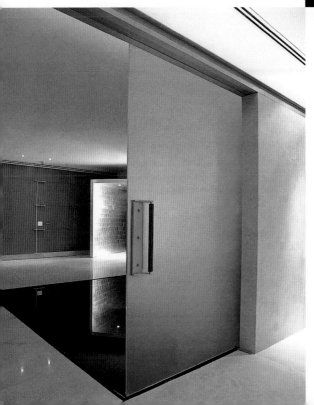

Bolas Blancas — de
papel

Colar
Plata/oro
con [?]

piezas
en
Resina
puestas
en lino

Pasillos y Recibidores
Walkways and Halls

Los pasillos son elementos arquitectónicos que articulan la circulación interior. En el vestíbulo asumen el papel de recibidores con sillones, consolas, repisas o algún otro mueble; en el interior, son vías de circulación que comunican las diferentes áreas. Espacios bien iluminados, natural y artificialmente, con personalidad propia, terminados con pisos tersos y brillantes, tapetes o alfombras; con cuadros, plantas, objetos decorativos o lámparas que reafirmen su importancia en el contexto general.

Walkways are architectural elements that articulate the interior flow. In the lobby, they take on the role of receivers with armchairs, consoles, shelves or some other furniture; inside, they are circulation paths that connect the different areas. Well-lit spaces, with natural and artificial light, with their own personality, finished with smooth and bright floors, rugs or carpets; with paintings, plants, ornamental objects or lamps that reaffirm their importance in the overall context.

Escaleras
Stairs

Las escaleras son el punto de enlace entre las plantas de la casa. Su función es específica, pero su diseño debe ser bello y elegante, con una gama infinita de posibilidades, desde conceptos minimalistas y puramente funcionales, hasta dimensiones escultóricas y artísticas. Los materiales pueden ser piedra, mármol, concreto, metal, madera, con balaustres, barandillas, pasamanos decorados, huellas de alfombra, contraescalones de distintos materiales, con luz natural provista por ventanales o tragaluces, iluminación artificial directa o indirecta con lámparas o linternillas; pueden ser rectas, libres o con pasamanos de cristal o metal, de dos o más cuerpos con descansos, helicoidales, en curva, preferentemente amplias y cómodas, que permitan una circulación segura.

Stairs are the link between the levels of the house. Their function is specific, but their design must be beautiful and elegant, with an infinite range of possibilities, from minimalist and purely functional concepts, to sculptural and artistic dimensions. Their materials may be stone, marble, concrete, metal or wood. They may have balusters, decorated railings, handrails, rugs, risers in different materials, with natural light from large windows or skylights, direct or indirect artificial light from lamps or sconces; they may be straight, freeform or have glass or metal handrails, two or more sets with middle breaks, spiral, curved, preferably ample and comfortable, facilitating safe circulation.

joyena

con piedras

Techos y Tragaluces
Ceilings and Skylights

El techo es una fuente de iluminación natural con trabes, vigas, tableros de madera, rejas o parteluces cuya sombra se incorpora a la textura de pisos y muros. Suelen proyectar su luz sobre jardineras interiores o espacios especialmente diseñados y pueden contener luminarias. Los tragaluces pueden instalarse en muros ciegos, en el techo, iluminar áreas privadas, ubicarse en filas horizontales a lo largo del techo o verticales en muros, escaleras o pasillos.

The ceiling is a natural lighting tool, with its boards, grates and mullions, as their shadows become part of the texture of the floors and walls. Usually, they project their light on flowerpots or specially designed spaces, and they may accommodate light fixtures. Skylights may be in blind walls, in the ceiling, illuminating private areas, be located in horizontal rows throughout the ceiling or vertical rows in the walls, stairs or walkways.